Du schenkst mir

Weite

Andrea Langenbacher (Hg.)

Du schenkst mir
Weite

Frauengebete

Vier-Türme-Verlag

Inhalt

Das Gold der gewöhnlichen Tage

Durch den Alltag beten

Dass ich wichtig bin

CHRISTINA BRUDERECK

Lass mich nie vergessen,
dass ich wichtig bin.
Einen Unterschied mache.
Eine Stimme habe.
Und Fähigkeiten.
Eine Geschichte, die sonst niemand hat.
Lass mich nie vergessen,
dass du mich brauchst.
Meinen Glauben. Meine Liebe.
Dass diese Welt auf mich wartet.
Auf meinen einzigartig schönen Beitrag.

Chaosgebet

HILDEGARD KÖNIG

Es heißt,
über das Tohuwabohu am Anfang
seiest DU gekommen,
GOTTESKRAFT,
um ihm Ordnung, Gestalt und Leben zu geben.
Heißt das dann auch,
am Ende sei mein Tohuwabohu
aus überladenem Schreibtisch und
konfusem Herzen
ein Echo vom Anfang?
Dann kann ich nur bitten:
Komm DU,
GOTTESKRAFT,
über mich
und mach aus dem Chaos mit mir
eine neue Schöpfung:
Wenn DU mein Herz
belebst, gestaltest und ordnest,
übernehme ich den Schreibtisch.

Ein Küchen-Gebet

TERESA VON ÁVILA ZUGESCHRIEBEN

Herr der Töpfe und Pfannen,
ich habe keine Zeit, eine Heilige zu sein
und dir zum Wohlgefallen in der Nacht zu wachen,
auch kann ich nicht meditieren
in der Morgendämmerung
und im stürmischen Horizont.

Mache mich zu einer Heiligen,
indem ich Mahlzeiten zubereite und Teller wasche.
Nimm an meine rauen Hände,
weil sie für dich rau geworden sind.
Kannst du meinen Spüllappen
als einen Geigenbogen gelten lassen,
der himmlische Harmonie
hervorbringt auf einer Pfanne?
Sie ist so schwer zu reinigen
und ach, so abscheulich!

Hörst du, lieber Herr,
die Musik, die ich meine?
Die Stunde des Gebetes ist vorbei,
bis ich mein Geschirr
vom Abendessen gespült habe,
und dann bin ich sehr müde.
Wenn mein Herz noch am Morgen
bei der Arbeit gesungen hat,
ist es am Abend schon längst
vor mir zu Bett gegangen.

Schenke mir dein unermüdliches Herz,
dass es in mir arbeite statt des meinen.

Erinnern

JACQUELINE KEUNE

Danke, Gott,
dass du uns inmitten unserer Alltage erinnerst,
dass es einen Himmel gibt,
der dem Leben Weite und Würde verleiht
und am Ende der Zeit über allen aufgehen wird.
Danke,
dass da eine Ahnung von Himmel schon heute da ist.
Dort,
wo Liebe uns ansieht,
wo Schönheit uns anrührt,
wo Güte aufstrahlt.
Danke für unseren Bruder,
ganz aus Erde und ganz aus Himmel gemacht.
Aus der Vereinsamung
    hat er in die Zugehörigkeit geführt,
aus der Willkür ins Recht,
aus der Sehnsucht in die Wirklichkeit.
Um seinetwillen möge unser Lied
    deinen Himmel erreichen.

Danke, Gott,
für Jesus von Nazareth.
Ausgespannt zwischen Himmel und Erde
ist er seinen Weg gegangen.
Uns erinnernd an ihn,
uns bestärkend im irdischen Tun
und himmlischen Hoffen
sind wir da.

Führe uns

Ewiger Gott, führe uns
aus der Zerstreuung in die Sammlung;
aus der Finsternis ins Licht;
aus der Täuschung in die Wahrheit;
aus dem Tod in die Unsterblichkeit;
aus dem vergänglichen ins unvergängliche Leben.

Gebet zum Jahresbeginn

Möge Gott uns im neuen Jahr
mehr Zeit schenken,
zu danken als zu klagen.

Mögen unsere Freuden nach Tagen,
aber unser Kummer nach Stunden zählen.

Mögen die Zeiten selten sein,
an denen wir der Freude entbehren,
und kurz die Augenblicke
in der Gesellschaft von Dummköpfen.

Mögen alle Tränen des kommenden Jahres
Tränen der Freude sein.

Gebet einer Gärtnerin

ANDREA LANGENBACHER

Gott, du unendliche Kraft, die alles ins Leben liebt,
vergiss auch meine Aussaat nicht.
Schenke Wasser und Wärme,
damit Samen keimen und Wurzeln treiben können,
damit das Grün sprießt
und jedes Blatt und jede Knolle erzählen
von deiner Lebenskraft.

Gott, du über alles Geduldige,
bremse meine Ungeduld.
Schenke mir eine ruhige Hand,
damit ich allem Zeit und Platz zum Wachsen lasse,
Kohlrabi, Möhren, Kräuter
– auch manchem, was wir Unkraut nennen –
und mein Garten erzählt
von deiner Langmut mit allem, was lebt.

Gott, du Barmherzige,
zügle meinen Zorn.
Schenke mir Gelassenheit
auch Schnecken und Mehltau gegenüber,
damit ich nicht nur den Verlust,
sondern vor allem die Fülle sehe,
und mein Ernteglück erzählt
vom paradiesischen Reichtum der Schöpfung.

Vereint mit der Liebe

MECHTHILD VON HACKEBORN

Herr Christus,
ich will mich vereinen mit der Liebe,
in der du auf der Erde gearbeitet hast
und immerfort wirkst ohne Unterlass,
so gehe ich an die Arbeit zu deinem Ruhm
und zum Segen der Mitmenschen.

Du willst, dass ich tätig sei.
Du hast gesagt: Ohne mich könnt ihr nichts tun.

So bitte ich,
dass mein Tun wie ein Tropfen im Strom
vereinigt und vollendet sei
in deinem unendlich vollkommenen Werk.

Ich stehe vor dir

VERFASSERIN UNBEKANNT

Ich stehe vor dir, Gott,
gebunden an die Erde, die du liebst.

Hände zeigen zum Boden.

Ich stehe vor dir, Gott,
ausgestreckt zum Himmel, den du versprichst.

Hände sind gerade nach oben ausgestreckt.

Ich stehe vor dir, Gott,
als Tochter des Himmels und der Erde.

*Eine Hand ist nach oben ausgestreckt,
die andere zeigt zum Boden.*

Ich stehe vor dir, Gott,
und bin offen für dich und das Geschenk dieses Tages.

Hände offen vor dem Bauch, bilden eine Schale.

Rüttle uns auf

Mache uns unruhig, Gott,
wenn wir allzu selbstzufrieden sind:
wenn unsere Träume sich erfüllt haben,
weil sie allzu klein waren;
wenn wir uns im sicheren Hafen
bereits am Ziel wähnen,
weil wir allzu dicht am sicheren Ufer entlang segelten.

Mache uns unruhig, Gott,
wenn wir über der Fülle der Dinge, die wir besitzen,
den Durst nach den Wassern des Lebens
verloren haben;
wenn wir, verliebt in diese Erdenzeit, aufgehört haben,
von der Ewigkeit zu träumen;
wenn wir über all den Anstrengungen,
die wir in den Aufbau der neuen Erde investieren,
die Vision des neuen Himmels verblassen ließen.

Rüttle uns auf, Gott, damit wir kühner werden
und uns hinauswagen auf das weite Meer,
wo uns die Stürme deine Allmacht offenbaren,
wo wir mit schwindender Sicht auf das Ufer
die Sterne aufleuchten sehen,
im Namen dessen,
der die Horizonte unserer Hoffnung
weit hinausgeschoben
und die Beherzten aufgefordert hat,
ihm zu folgen.

Im Wasser des Lebens

MARIA SASSIN

Aus dir sprudeln
auf deinen Wogen gleiten
weiter und weiter
neue Impulse aus Nebenflüssen
mitgerissen ein Leben lang
dein mächtiges Strömen spüren
und gesättigt ankommen in dir
seelentragende Allgegenwart
Quelle und Fluss und Mündung
Gott Wasser des Lebens

Verbunden mit allem, was lebt

Über mich hinaus beten

Ich brauche deinen Segen

SUSANNE NIEMEYER

Gott
ich brauche deinen Segen
wie Wasser und Brot
Mach mich mutig
damit ich für meine Kollegin
für den Bettler vorm Einkaufszentrum
für meinen Bruder
zum Segen werde
Erinnere mich daran
dass ich mir deinen Segen immer wieder hole
um ihn bitte, um ihn kämpfe
damit das Leben nicht wie kalter Kaffee ist

Dein Reich komme

Bald möge dein Reich kommen
zu den Hungrigen, zu den Weinenden,
zu denen, die sich nach deiner Gerechtigkeit sehnen,
zu denen, die schon seit Jahrhunderten
auf ein menschenwürdiges Leben warten.

Gib uns Geduld,
den Weg zu ebnen, auf dem dein Reich
zu uns kommt.

Gib uns Hoffnung,
damit wir nicht müde werden,
es zu verkünden und uns einzusetzen,
trotz der vielen Konflikte, Bedrohungen
und Unzulänglichkeiten.

Gib uns einen klaren Blick,
um zu erkennen, auf welchem Weg
dein Reich zu uns kommt.

Segen für eine Freundin

CHRISTIANE BUNDSCHUH-SCHRAMM

Sei gesegnet mit Gottes Zärtlichkeit.
Sie berühre deine Schulter,
wenn du dir eine Auszeit nimmst
und dich selbst genießt.

Sei gesegnet mit Gottes Warmherzigkeit.
Sie stehe dir zur Seite,
wenn du für deine Kinder sorgst
und sie ins Leben begleitest.

Sei gesegnet mit Gottes Entschiedenheit.
Sie nehme dich an der Hand,
wenn du Beruf, Familie und Ehrenamt
miteinander verbindest.

Sei gesegnet mit Gottes Echtheit,
sie stärke deinen Rücken,
wenn du auf dein Inneres hörst
und mitteilst, was dich bewegt.

Sei gesegnet mit der Fülle des Segens
im Namen Gottes,
unserer Schwester
und Freundin.

Zusammen in Deinem Licht

GABRIELE HARTLIEB

Gott,
schenke uns Deinen freundlichen Blick
und sieh uns beide an:
ein Paar in der Mitte des Lebens.
Man sieht uns die Zeit an,
die seit der Hochzeit vergangen ist.
Du kennst uns,
hast den Zauber und das Überwältigtsein unseres
Anfangs gesehen:
die Leichtigkeit und den Überschwang,
Blick und Berührung, die nichts zurückhalten.
Wir teilen den Tag miteinander und die Nacht.
Wir machen uns viel Arbeit.
Wir lachen über dasselbe.
Was wir sind, sind wir miteinander geworden.
So viel Glück haben wir miteinander.

Wir wissen inzwischen auch ganz gut Bescheid
über unsere Abgründe.
Und wie sollten sie Dir verborgen sein:
unsere Enttäuschung, unser Unverständnis,
Verzagtsein und Resignation.
Wir sind einander manches schuldig geblieben.

Lass uns miteinander der Liebe treu bleiben,
Liebesmüh nicht scheuen und dabei leichter werden,
die Kunst üben, zusammen alt und glücklich zu sein –

und das unverlässliche Leben feiern.

Hülle uns in Dein Licht, Lebendige,
bleibe uns zugeneigt.

An die Engel meiner erwachsenen Kinder

AUS SCHWEDEN

Ich spreche mit den Engeln
meiner erwachsenen Kinder:
Seid ihr immer noch bei ihnen
und habt ihre Wünsche in euren Händen?
Wisst ihr etwas von ihrer kampferfüllten Einsamkeit?
Und wenn sie nun euch
und das Leben überhaupt ablehnen,
wendet ihr euch dann ab und grollt ihnen?

Sie brauchen euch mehr als damals,
als sie klein waren, sie brauchen euch ganz dringend.
Denn die Jugend ist die schwerste Zeit.
Alles muss eigenständig geregelt werden,
man muss sich freikämpfen, alles selbst durchdenken,
und von den Engeln will man nichts wissen.

O ihr Engel meiner erwachsenen Kinder!
Eine Mutter darf nicht länger eingreifen –
aber ihr dürft.
Eine Mutter darf nicht länger Rat geben,
aber eure Weisheit kommt von Gott.
Bleibt bei meinen erwachsenen Kindern, ihr Engel!
Helft ihnen, im Gestrüpp zu wandern
und den rechten Weg zu finden,
ihren Weg!

Achtsamkeit

CHRISTINA BRUDERECK

Mach mich achtsam
für die Verwobenheit aller Dinge und aller Menschen.

Ich bin verbunden,
wir sind verbunden
mit den Generationen vor uns und nach uns.
Mit der Erde, über die wir gehen.
Mit der Luft, die wir atmen.
Mit der Kleidung, die wir tragen.
Mit dem Brot, das wir essen.
Mit der Nation, deren Pass wir tragen.
Mit der Kultur, die uns prägt.
Mit der Zeit, die uns noch bleibt.
Mit Familie Mensch
auf allen Kontinenten und Inseln.

Mach mich wachsam,
mach uns wachsam für die Zusammenhänge,
für das Gleichgewicht dieser Welt
und die Balance unserer Seele.

Mach mich achtsam,
mach uns achtsam für deine Zeichen,
dankbar für dein Vertrauen,
respektvoll füreinander.

Ostersegen

JACQUELINE KEUNE

Wie das Brausen der Orgel,
wie das Stürmen der Kinder,
wie das Schäumen der Fluten,
das Lachen der Lerchen,
das Bersten der Bäume,
das Keimen der Knospen,
wie das Wehen der Lüfte
und das Wirken der Liebe
komme er über dich,
der Segen dieses Morgens!

Er nehme dich im Sturm,
er umarme dich von hinten,
rufe deinen Namen,
wickle dich heraus aus deiner Starre,
ziehe dich raus aus deinen Gräbern
und salbe dich von Kopf bis Fuß
mit dem Leben,
dem unwiderstehlichen Leben
dieses Morgens!

Bist du trotzdem da?

Zweifeln, klagen, vertrauen

Kein ordentliches Gebet

PETRA BAHR

Gott, mir hat es die Sprache verschlagen.
Mir fehlen die heiligen Worte.
Keine fromme Vokabel schicke ich gen Himmel.
Keine poetische Formulierung in Deine Richtung.
Kein »Vaterunser«,
kein »Komm, Heiliger Geist«,
nicht einmal ein »Herr, erbarme Dich«.
Du würdest mir sowieso nicht glauben.
Wo gestern noch sinnvolle Sätze waren,
ist heute nur eine pelzige Zunge.
Katergefühl der Seele.
Rote Augen.
Machte ich jetzt den Mund auf,
ich könnte nur stottern
und husten.
Das ist keine Stimme.
Kein Reim.
Kein Lied.
Schon gar kein andächtiges Schweigen.
Gedanken türmen sich auf
wie Laubhügel im Herbst.

Worte wirbeln durch die Luft
wie Blätter im Wind.
Meine Seele ist klamm.
Mein Herz liegt im Nebel.
Gott, ein Gebet fällt mir nicht ein.
Mir schwindelt.
Die Liebesschwüre von gestern klingen wie eine Lüge.
Die Vertrauensbeweise sind gefälscht.
Meinen Glauben glaub ich mir nicht mehr.
Nicht einmal mein Zweifel ist sicher.
Hinter den Grenzen der Sprache
habe ich nur Dich.
Hab ich Dich noch?
Ach, bitte versteh mich auch ohne Worte
wie ein ferner Geliebter,
der die Pausen am Telefon deutet
aus 7000 Kilometer Entfernung
und der es fertig bringt,
mir mit seinem Atem am anderen Ende der Welt
über den Kopf zu streicheln.
Ach, sei so einer.
Glaub Du an uns.

Schluchzen

GERTRUD VON HELFTA

O treue Güte, treue Güte,
in Angst und Not bin ich versetzt:
mögest du mich nicht verlassen.
Von meinem Schluchzen und von meinem
lauten Schrei
mögest du dein Angesicht nicht abwenden.
Dich soll zwingen deine innige Liebe,
geduldig mich zu hören.
O, weit offen halte deinen Schoß,
auf dass ich dort in Ruh verweile, nur ein wenig,
und hinströmen lasse vor dir meinen Lebensatem;
denn bei deinem Gutsein und bei deiner treuen Güte –
keine verschmähst du, die einsam und verlassen,
und auf keine, die in Drangsal ist,
blickst du verächtlich nieder.
O, wie entgegenkommend ist für die,
die im Elend sind,
deine Treue.

Mit leeren Händen

MARIA SASSIN

Müde Akkus meiner Seele
ausgebrannte Gedankenwüste
wortleere Herzenskammern
Zu viel gegeben
zu viel gewollt
zu viel getan
Getragen in Liebe
Hoffnung geschenkt
Grau in Bunt gewandelt
Erschöpft komme ich zu dir
nimm mich auf und
schenke neue Kraft
du die Quelle allen Seins

Psalm der Trauer

VERFASSERIN UNBEKANNT

Gott,
ich fühle mich
wie ein versiegender Bach.
Die Strömung der Freude
ist von mir genommen.
Ich habe mein schimmerndes Lied
verloren,
und die Wasser der Liebe finde ich
im trüben Rinnsal der Tage
nicht mehr.

Auch die Blumen
haben sich andre Plätze gesucht,
und die Vögel kommen nicht mehr;
denn meinen Spiegel
hat die Tiefe an sich gerissen.
An meinen Ufern
rastet nur noch die Trauer
und sammelt Scherben
von dem entblößten Grund.

Warum
hast du die Glocke des Himmels
verstummen lassen
und das tröstliche Licht der Gestirne
für mich verdeckt?
Wann
schickst du mir wieder
vom Berge lebendiges Wasser?
Wann
wird es meine Leere durchfluten
und deinen Regenbogen
auf Wellen der Freude tragen?

Tränengebet

ANDREA LANGENBACHER

Mit jeder Träne
rufe ich zu dir:
Lass mich nicht allein
in meiner Not.

Mit jeder Träne
überlasse ich mich dir:
Sei du meine Kraft,
wo ich selbst nichts mehr vermag.

Mit jeder Träne
wächst mein Vertrauen:
Du weinst mit mir.
Mit dir stehe ich wieder auf.

Hier bin ich

VERFASSERIN UNBEKANNT

Hier bin ich,
Gott, vor dir.
So wie ich bin.
Ich öffne mich deiner Nähe.
Deine Lebenskraft fließt in mir,
mein Atem,
der mich trägt und weitet ...
lass Ruhe in mich einkehren ...
Hier bin ich,
Gott, vor dir.
So wie ich bin.
Mit meiner Anspannung, meiner Freude,
meiner Traurigkeit und Enttäuschung.
Mit meiner Wut und meiner Ungeduld.
Mit meinem Stolz.
Mit meiner Sehnsucht.
Gott, Quelle des Lebens,
reinige mich,
erneuere mich.
Heile mich.

Gebet des Vertrauens

EDITH STEIN ZUGESCHRIEBEN

Ohne Vorbehalt
und ohne Sorgen
leg ich meinen Tag
in deine Hand.
Sei mein Heute,
sei mein gläubig Morgen,
sei mein Gestern,
das ich überwand.

Frag mich nicht
nach meinen
Sehnsuchtswegen –
ich bin aus deinem Mosaik
ein Stein.
Wirst mich
an die rechte Stelle legen.
Deinen Händen
bette ich mich ein.

O heilende Kraft

HILDEGARD VON BINGEN

O heilende Kraft, die sich Bahn bricht!
Alles durchdringst du
in Höhen, auf Erden,
in den Abgründen all,
Du fügest und schließest alles in eins.
Durch dich fluten die Wolken,
fliegen die Lüfte!
Die Steine träufeln vom Saft,
die Quellen sprudeln ihre Bäche hervor,
durch dich quillt aus der Erde das erfrischende Grün!
Du führest auch meinen Geist ins Weite,
wehest Weisheit in ihn
und mit der Weisheit die Freude!

Schuldbekenntnis

VERFASSERIN UNBEKANNT

Gott, vor dir bekenne ich,
dass ich mich oft kleinmache
und meinen Auftrag herabspiele.
Ich vernachlässige es, meine Talente einzubringen
und stelle mein Licht unter den Scheffel.
Ich traue mir nicht zu, einen Auftrag zu haben
und schleiche mich auch gerne aus der Verantwortung.
Ich scheue es, im Rampenlicht zu stehen,
und trete lieber hinter andere zurück.
Oft verpasse ich die Chance, Stellung zu nehmen
und mich mit anderen zusammenzuschließen.
Ich fürchte es, mit Macht umzugehen
und überlasse die Entscheidungen gerne anderen.
Gott, ich bin es nicht wert, dein Ebenbild zu heißen.
Ich will die Schuld für meine Unterlassungen
aber nicht anderen zuschieben,
sondern will mich von dir heilen lassen.

Hier bin ich.

Hilf meinem geschwächten Selbstvertrauen.

Öffne meinen Blick für Aufgaben,

die ich bewältigen kann.

Überfordere mich nicht, aber fordere mich heraus.

Lass mich spüren, dass du mir etwas zutraust und

meinen Beitrag erwartest.

Mit deiner Hilfe will ich es wagen,

will hinstehen und ich sagen.

Nutze mich, als Stein für deinen Tempel.

Nichts soll dich ängstigen

TERESA VON ÁVILA

Nichts soll dich ängstigen,
nichts dich erschrecken.
Alles geht vorüber. Gott bleibt treu.
Alles erreicht der Geduldige.
Wer sich an Gott hält, dem fehlt nichts.
Gott genügt.

Mein Herz fließt über

Loben und danken

Verwandelt

VERFASSERIN UNBEKANNT

Gott, du hast unsere Klage in ein Festmahl
der Liebe verwandelt,
das die Hungrigen sättigt und
die Sehnsucht der Durstigen stillt,
bei dem die Verwundeten mit Zärtlichkeit verbunden
und die Ausgeschlossenen mit Rosen
beschenkt werden.

Du hast unsere Klage
in ein Fest der Freude verwandelt,
das uns die Kraft gibt aufzustehen,
einzustehen für ein Leben in Fülle –
für uns, unsere Kinder und
alle Menschen deiner Welt.
Wir stehen ein für die Hungernden und Leidenden,
wir stehen auf für die seufzende Natur –
unser Aufstand für das Leben!

Gott, du hast unsere Klage
in ein Fest der
Auferstehung verwandelt!

Dank über Brot und Wein

JACQUELINE KEUNE

Wir danken dir, Gott,
für alles, was du aus Liebe geschaffen hast,
für das Leben unserer Lieben und unser eigenes,
für das Grünen der Fluren, das Knospen der Bäume
und das wärmer werdende Licht.
Für alles Sprießen und Sprossen, Keimen und Knospen.
Für jede kleine Blüte,
die uns von deiner Größe erzählt.
Wir danken dir für alles,
was uns hoffen macht in dieser Zeit:
das Waschen der Füße, das Teilen des Brotes,
das Ausharren der Frauen,
die Geduld des Dazwischen, das leere Grab,
die Treue der Maria aus Magdala.
Du hast das tote Leben nicht ins Leere gehen lassen,
nicht das unseres Bruders aus Galiläa und keines.
Zeichen und Wunder – überall um uns her!

Lobpreis

Sei gepriesen,
weil Du mich
erschaffen hast.

Du gestaltest uns mit Deinen Händen

ANGELA BERLIS

Du hast den Menschen erschaffen nach Deinem Bild
Du lässt uns werden, wer wir sind
Du gestaltest uns mit Deinen Händen:
wie ein Töpfer
Lehm knetet –
zerbrechlich
wie eine Bäckerin
Brot formt –
vergänglich
wie eine Hebamme
zum Leben verhilft –
menschlich

Jeden Tag um zwölf

Jeden Tag um zwölf in der Mittagshitze
kommt Gott zu mir
in Gestalt von 200 Gramm Hafer.
Ich spüre ihn in jedem Korn.
Ich schmecke ihn mit jedem Löffel.
Ich halte Mahl mit ihm, wenn ich schlucke,
denn er erhält mich am Leben
mit 200 Gramm Haferbrei.
Ich warte auf den nächsten Mittag
und weiß: er kommt.
So kann ich hoffen,
einen weiteren Tag zu leben,
denn du hast Gott zu mir kommen lassen
in 200 Gramm Haferbrei.
Jetzt weiß ich: Gott liebt mich.
Und das verdanke ich dir.
Jetzt weiß ich, was du meinst,
wenn du sagst, dass Gott diese Welt so liebt,
dass er seinen geliebten Sohn gibt
jeden Tag durch dich.

Danke für den Boden

VERFASSERIN UNBEKANNT

Danke Gott, Vater und Mutter, für den Boden,
der uns trägt, für den Boden, der uns nährt.

Danke, dass du uns den Boden leihst,
uns und allen Menschen,
allen Tieren und Pflanzen.

Danke, dass wir hie und da für andere Boden sind,
der trägt und nährt und reicher macht.

Danke, dass du unser Boden bist,
der uns trägt und das Gute in uns weckt.

Marias Lobgesang

Meine Seele preist die Größe des Herrn,
es jubelt mein Geist über Gott, meinen Heiland.
Denn seine niedrige Magd hat er in Gnaden angesehn.
Siehe, von nun an preisen mich selig alle Geschlechter.
Denn Großes hat an mir getan der Mächtige,
und sein Name ist heilig.
Sein Erbarmen währt von Geschlecht zu Geschlecht
über denen, die ihn fürchten.
Mit seinem Arm vollbrachte er machtvolle Taten,
er hat zerstreut, die im Herzen voll Hochmut sind.
Die Mächtigen hat er vom Thron gestürzt
und hat erhöht die Niedrigen.

Die Hungrigen hat er erfüllt mit Gütern
und Reiche weggeschickt mit leeren Händen.
Er hat sich angenommen seines Knechtes Israel
eingedenk seines Erbarmens,
wie er es unseren Vätern verheißen hat,
Abraham und seinem Stamm auf ewig.

Das Danklied Hannas

Mein Herz ist fröhlich im Herrn,
erhöht ist meine Macht durch meinen Gott.
Weit öffnet sich mein Mund gegen meine Feinde;
denn ich freue mich deiner Hilfe.
Keiner ist heilig wie der Herr,
denn außer dir ist keiner,
keiner ist ein Fels wie unser Gott.
Redet nicht immer so vermessen,
kein freches Wort entfahre eurem Mund.
Denn ein wissender Gott ist der Herr,
von ihm werden die Taten gewogen.
Zerbrochen wird der Bogen der Helden,
die Wankenden aber gürten sich mit Kraft.
Um Brot verdingen sich die Satten,
doch die Hungrigen können feiern für immer.
Die Unfruchtbare – siebenmal gebiert sie,
doch die an Kindern reich war, welkt dahin.

Der Herr macht tot und macht lebendig,
er führt ins Totenreich hinab und führt auch herauf.
Der Herr macht arm und macht reich,
er erniedrigt und er erhöht.
Den Geringen richtet er auf aus dem Staub,
aus dem Schmutz erhebt er den Armen.
Er gibt ihm einen Sitz bei den Edlen,
den Thron der Ehre lässt er ihn erben.
Denn dem Herrn gehören die Säulen der Erde;
er hat den Erdkreis auf sie gegründet.
Die Schritte seiner Frommen hütet er,
die Frevler aber verstummen im Dunkel.
Denn niemand ist stark durch eigene Kraft.
Wer gegen den Herrn streitet, wird zerbrechen.
Der Höchste lässt im Himmel den Donner erdröhnen,
der Herr richtet die Enden der Erde.
Seinem König gebe er Kraft
und erhöhe die Macht seines Gesalbten.

Lob der Schöpfung

HILDEGARD VON BINGEN

O wahrer Gott,
welch große Geheimnisse hast du
in deinen Geschöpfen gestaltet
und dem Menschen, deinem großen Kunstwerk,
untergeordnet.
Du hast die Kräfte deiner Allmacht
schöpferisch entsandt;
du hast das herrliche Dach mit seinen Fenstern,
das Firmament mit seinen Leuchten, geschaffen.
An ihm hast du die Sonne festgemacht,
die mit ihrem Licht alles über der Erde und
unter der Erde erleuchtet.
Ihr sind die übrigen Leuchten verbunden,
und wie diese durch die Sonne leuchten,
so gehorchen dir alle Geschöpfe.
In dir und durch dich leben sie alle.
Durch deine Liebe ist alles geschaffen;
denn du, ewiger Gott, bist die wahre Liebe.

Jauchzen

GERTRUD VON HELFTA

Es jauchzen dir
alle Sterne des Himmels,
die dir mit Freuden leuchten …

Es jauchzen dir,
die wunderbaren Werke des gesamten Universums,
alles im Umkreis des Himmels,
der Erde und des Abgrunds …

Es jauchzen dir
mein Herz und meine Seele
mit der ganzen Substanz meines Fleisches und Geistes
und aus der Wirkkraft des gesamten Universums.

Denn dir sei aus allem, durch alles und in allem Ehre
und Herrlichkeit in Ewigkeit.

Textnachweis

Bei einigen Texten konnten wir leider keine Quellen
bzw. Rechteinhaber ausfindig machen.
Für Hinweise sind wir dankbar.

Petra Bahr, Kein ordentliches Gebet
© bei der Autorin

Angela Berlis, Du gestaltest uns mit Deinen Händen
Aus: Benedikta Hintersberger/Andrea Kett/Hildegund Keul/
Aurelia Spendel (Hrsg.), Du bist der Atem meines Lebens,
© Patmos Verlag der Schwabenverlag AG, Ostfildern 2010,
www.verlagsgruppe-patmos.de

Christina Brudereck, Achtsamkeit *und* Dass ich wichtig bin
Aus: Christina Brudereck, Worte meines Herzens. Gebete für Frauen,
Neukirchener Verlagsgesellschaft mbH, Neukirchen-Vluyn 2015

Christiane Bundschuh-Schramm, Segen für eine Freundin
Aus: Christiane Bundschuh-Schramm (Hg.), Ich will mit dir sein und
dich segnen. Segensfeiern und Segensgesten, © Schwabenverlag AG,
Ostfildern 1999. www.verlagsgruppe-patmos.de

Gabriele Hartlieb, Zusammen in Deinem Licht
Aus: In Gottes Hand gehalten. Frauengebete.
Hrsg. von Margot Käßmann
© Verlag Herder GmbH, Freiburg i.Br. 2014, S. 32

Jacqueline Keune, Erinnern, Ostersegen *und*
Dank über Brot und Wein
© bei der Autorin

Hildegard König, Chaosgebet
Aus: Benedikta Hintersberger/Andrea Kett/Hildegund Keul/
Aurelia Spendel (Hrsg.), Du bist der Atem meines Lebens,
© Patmos Verlag der Schwabenverlag AG, Ostfildern 2010,
www.verlagsgruppe-patmos.de

Andrea Langenbacher, Gebet einer Gärtnerin *und* Tränengebet
© bei der Autorin

Susanne Niemeyer, Ich brauche deinen Segen
Aus: Susanne Niemeyer/Matthias Lemme, Brot und Liebe.
Wie man Gott nach Hause holt
© KREUZ VERLAG in der Verlag Herder GmbH,
Freiburg i.Br. 2013, S. 89

Maria Sassin, Im Wasser des Lebens *und* Mit leeren Händen
aus: Maria Sassin, Seelenvorrat für die Jahreszeiten des Lebens,
Münsterschwarzach 2015

Psalm der Trauer
Verfasserin unbekannt; Quelle: http://feministische-theologinnen.ch

Marias Lobgesang (Lukas 1,46–55)
Benediktinisches Antiphonale Band 3, herausgegeben von der Abtei
Münsterschwarzach, Vier-Türme-Verlag, Münsterschwarzach 2002

Das Danklied Hannas (1 Samuel 2,1–10)
Benediktinisches Antiphonale Band 1, herausgegeben von der Abtei
Münsterschwarzach, Vier-Türme-Verlag, Münsterschwarzach 2002

Bibliografische Information der Deutschen Nationalbibliothek

Die Deutsche Nationalbibliothek verzeichnet diese Publikation in der Deutschen Nationalbibliografie. Detaillierte bibliografische Daten sind im Internet über http://dnb.d-nb.de abrufbar.

In dieser Reihe sind bisher erschienen:

Behüte mich in dieser Nacht – Gebete für den Abend
Du bist meine Freude – Gebete aus dem Kloster
Du bist meine Hoffnung – Gebete für unfreundliche Zeiten
Du schenkst mir Kraft – Männergebete
Du schenkst mir Weite – Frauengebete
Halte uns in deiner Hand – Gebete für die Familie
Sei du unser Gast – Tischgebete

1. Auflage 2016
© Vier-Türme GmbH, Verlag, Münsterschwarzach 2016
Alle Rechte vorbehalten

Gestaltung: wunderlichundweigand, Stefan Weigand
Umschlagfoto: © AleksandarNakic/iStock.com
Druck und Bindung: Pustet, Regensburg
ISBN 978-3-7365-0014-3

www.vier-tuerme-verlag.de